Pensées du soir

Du même auteur

1,2,3 la vie

Gellé Jean-Baptiste

Pensées du soir

« Tous droits de reproduction, d'adaptation et de traduction, intégrale ou partielle réservés pour tous pays. L'auteur ou l'éditeur est seul propriétaire des droits et responsable du contenu de ce livre. Le Code de la propriété intellectuelle interdit les copies ou reproductions destinées à une utilisation collective. Toute représentation ou reproduction intégrale ou partielle faite par quelque procédé que ce soit, sans le consentement de l'auteur ou de ses ayants droit ou ayants cause, est illicite et constitue une contrefaçon, aux termes des articles L.335-2 et suivants du Code de la propriété intellectuelle. »

© 2022, Jean-Baptiste Gellé
Édition : BoD – Books on Demand, info@bod.fr
Impression : BoD – Books on Demand,
In de Tarpen 42, Norderstedt (Allemagne)
Impression à la demande
ISBN : 978-2-3224-4989-7
Dépôt légal : Septembre 2022

"La pensée est plus qu'un droit, c'est le souffle même de l'homme."
Victor Hugo

Table des matières

Ecrire 13

Rêver 17

Vivre 21

Espérer 25

Le Bonheur 29

La Perfection 33

Le Plaisir 39

Mourir 43

Préface

L'idée de cet ouvrage est arrivée de façon inattendue.

À force de parler avec des membres de mon entourage, je me suis rendu compte que peu de gens avait leurs pensées. Un soir, alors allongé dans mon lit en attendant que le sommeil vienne me chercher, j'eus cette idée d'écrire sur les sujets qui me venaient a l'esprit de manière naturel.

Depuis mes études littéraires, j'ai toujours apprécié la philosophie et le partage des idées et ces questionnements auxquelles une réponse peut toujours être apporté.

Mais dans ce cas de figure, il s'agit en effet de la philosophie pure et dure.

L'apriori avec cette matière c'est cette façon de voir les choses, est que pour certains d'entre nous cela peut paraître ennuyant et hors de notre niveau.

Mais, peu de personnes savent que la vie est une leçon. Il y a un aspect philosophique à cette dernière, dans le sens où nous apprenons avec le vécu et si nous apprenons, c'est aussi grâce à nos questionnements et a nos pensées.

Tout le monde penses. C'est un fait indéniable mais nous pensons tous de manière différentes.

Et, l'essence même de ce projet qui est arrivé comme un coup de tonnerre, est bel est bien d'inviter à penser et de dire que tout le monde est capable de se questionner et d'apporter sa vision.

C'est une sorte de philosophie plus simple qui serait, en ce sens accessible à tous et pour tous. Le leitmotiv est de tout simplement invité à l'ouverture d'esprit et au respect de chaque pensées et idées.

Avant-propos

Une pensée peut se définir comme étant une réflexion courte qui traverse notre esprit et sur laquelle nous nous posons des questions, qui n'ont pas forcément de réflexion poussée.
 Ce livre, est un appel à la réflexion de chacun et qu'aucune idée dans ce livre n'est à appliquer à la lettre. J'appelle à ce que chacun d'entre nous puissent penser librement, en essayant de mettre en écrit des sujets de la vie quotidienne. Je n'appelle pas au débat mais bien à l'échange, au partage et au respect des idées. Chaque idée méritent d'être écoutée et d'avoir une réflexion.

Un philosophe, un écrivain et ou critique d'art littéraire pourrait en effet prendre mon livre pour cible en indiquant que les idées ne sont pas traitées jusqu'à leur maximum, et que c'est un livre qui pourrait ne pas faire partie de la littérature.
Justement, au travers de ce questionnement qui pourrait être évoqué au travers ces critiques, je répondrai que c'est l'essence même de ce que je veux transmettre.
L'idée ici n'est pas de dire que ces pensées sont unique. Mais bel est bien un appel à la réflexion.

Il n'existe pas, par ailleurs de pensée ou d'idée qui est unique et sur laquelle tout le monde pourrait être d'accord, ce serait utopique et surtout égocentrique de ma part de dire que j'ai la pensée unique et que j'invite tout le monde a adopté ma vision. Ce serait contre productif et cela serait en inverse avec mon projet.

Mon but est de rendre, tout simplement sur papier les idées qui passent au travers mon esprit et qui sont développé de façon minime, sans rentrer dans les détails philosophiques mais tout en restant sous forme de pensée avec des questionnements auquel des réponses peuvent être apportés et aussi sur lesquelles des questions seront sans réponse de ma part car l'idée est vraiment de faire appel à votre réflexion.
Cependant, les réponses également apportées ne sont pas des réponses uniques, ce sont des idées, ce sont mes idées.

Il est ici question de rendre accessible à tous l'échange et le partage des idées et le respect de chacune d'entre elles.

Ecrire

*

Pourquoi j'écris ? Pourquoi vouloir mettre des lettres unes a unes, les unes après les autres ? Pourquoi avoir cette envie de vouloir se publier ? Pourquoi autant d'attirance envers la plume ?

Toutes ces questions me viennent en écrivant et ce petit texte résumera en quelques mots cette idée. Et cette passion que je veux vous faire partager.

C'est vrai après tout, l'écriture c'est un acte qui est solitaire et avec lequel je prends du plaisir et pourtant je suis loin d'être timide.
Lorsque une idée d'écriture m'envahit j'ai envie de m'enfermer dans cette bulle et d'écrire a en faire souffrir ma plume.
Peu de personnes comprendront cette attirance que j'ai envers les mots, envers leurs utilisations, envers leur beauté et leurs définitions. Toujours à la recherche

du mot parfait qui collera avec précision a la scène que je souhaite vous illustrer.

Parfois, je me demande si c'est utile ce que je fais ! Et si le mieux n'étais pas tout simplement d'arrêter...

Mais en quelque sorte, écrire me permet d'être moi-même, de m'exprimer de la plus belle façon qui soit et aussi de faire partager mes idées au travers mes textes.
L'envie de sentir mon stylo glisser sur cette feuille, l'envie de sentir les idées valser dans mon cerveau n'en pouvant plus tenir, et devant par obligation et manque de place, se poser sur le papier.

Les lettres au fur et à mesure épouse la feuille, blanche du début et qui se noircit au mouvement du crayon.

Écrire cela reste un art, l'on pense souvent qu'il faut être grand auteur pour être connu.
Mais, ne serait-ce pas la non plus le faux succès de la littérature ? Et si pour une fois les petits écrivains était mis en avant ? Et si leurs idées était tout aussi bonne que celle des grands ?

Il y a les écrivains d'un jour, il y a les écrivains du soir, il y a les écrivains musiciens, il y a les écrivains poètes, il y a les écrivains romanciers, il y a, il y a ...

Il y a tout autant de sorte dans la littérature alors, j'invite celui qui n'a jamais lu a trouvé un ouvrage qui pourrai lui plaire afin de comprendre qu'en effet l'écriture et tout aussi magique qu'une chanson et de par son style animera sa lecture, tout comme le rythme anime une musique.

Mon rêve, c'est d'écrire.

Un rien me suffit, pour écrire.
Je vous fais partager cette passion qui aussi me permet de poser sur un bout de papier les idées que j'aimerais faire partager.

Alors, écrire pour poser des mots sur du papier oui. Écrire pour se libérer, oui. Mais surtout écrire pour se sentir exister.

C'est là je pense, l'essence même de mon projet.

Car si, l'existence ne se fait sans aucun rêve, alors suis-je vraiment ?

Rêver

*

Rêver, rêvasser, imaginer, créer, s'évader, pour moi touts ces mots évoquent le fait de vouloir partir, de vouloir s'éloigner vers un monde créé par nous même, dans lequel nos pensées s'animent.

Rêver, est une sorte de liberté émotionnel qui permet à certains d'entre nous d'aller vers un monde moins morose.

Alors, aujourd'hui pourquoi rêver ? Pourquoi vouloir s'évader de notre quotidien ?

Il est préférable souvent, de vouloir fermer les yeux sur notre quotidien.
Métro, boulot, dodo... Cela a donné un rythme à notre style de vie, qui est vite devenu autonome.
Au quotidien, nous effectuons ces tâches qui semblent si singulières mais qui finalement rythme nos journées, leurs donnes une cadence.

Difficile, une fois cette dépendance et cette autonomie acquise de s'en séparer.

Mais, lorsque dans notre vie il nous arrive des choses dites imprévues, nous commençons à ouvrir les yeux et a réalisés tout ce qui s'est déroulé, sans s'en être rendu compte. Une fois, les informations transmises et comprises par notre cerveau, nous réalisons que nous avons subi et que nous n'avons pas été. Et, que pour ainsi dire, nous avons vécu notre vie sans la vivre de nous même.

Alors, le rêve permet de s'évader de la vie quotidienne, et de s'inventer un monde mais également de se donner également un but dans la vie.

Parce que oui rêver peut être défini de plusieurs façons.

La première, est que le rêve permet de créer un monde au travers de l'imagination. Dans lequel, plus aucune limite n'est imposée et les seuls limites données sont celles de notre esprit. Dans ce monde il n'y a pas de loi, il n'y a pas de distinction entre les riches et les pauvres. Pas de stress de la vie quotidienne.
Dans ce monde, il y a une égalité et l'on peut aussi faire ce qu'on souhaite réaliser dans la vie réelle mais qui n'est pas possible. Comme le fait de "voler", dans la vie quotidienne ce n'est possible mais au sein de notre imagination oui cela l'est.

La seconde façon de définir le rêve, est celle du souhait.

En effet, dans notre monde l'on entend souvent dire "Moi je rêve de cela", "Je rêve de faire ci", "Si seulement on pouvait " et ce rêve dont on parle, c'est un souhait, qui en l'état général n'est pas atteignable pour la plupart.

Tel que le souhait un jour de pouvoir encore une fois voler comme les super héros (qui par ailleurs eux-mêmes sortent du cadre de la normalité et vont vers le domaine de l'irréel).

Les souhaits évoqués par la plupart des personnes sont une manière de garder une lueur d'espoir, et d'une certaine manière, de pouvoir s'évader de leur vie quotidienne en se disant qu'un jour tout cela sera possible.

Pour ma part, mon rêve ce serait de pouvoir vivre de l'écriture et de devenir écrivain. Et, cette seconde vision du rêve, est entretenue par notre monde plus particulièrement par la vision de voir les choses. Et par les idées reçues.

La dernière de façon de définir le rêve, serait aussi cette vision d'imagination. De vouloir par ce principe, d'imaginer de vouloir créer quelque chose, de donner vie à ses idées, ses pensées et ses projets.

Ici l'idée est courte, c'est tout simplement d'avoir un projet et de se donner les moyens et d'imaginer la façon dont on va le créer et lui donner vie. Donc, oui le rêve est aussi de vouloir créer.

Alors, tout simplement, rêver permet-il simplement d'échapper à la réalité ? Et est-ce une manière de fermer les yeux sur la façon dont nous vivons ?

"I have a dream " Martin Luther King Jr.

Vivre

*

"Vivre bien ou bien vivre ? ", *est-il préférable de vivre sa vie aisément avec nos envies ? Ou bien vaut-il mieux bien vivre sans forcément profiter ? Et tout simplement pourquoi vivre ?*

Sans parler de religion et sans rentrer dans un débat, une question nous passe souvent à l'esprit : *pourquoi vivons-nous ?*

Nous n'avons pas demandé de base à être présent, nous n'avons pas choisi de venir et d'être ici.
Alors, pourquoi sommes-nous présents ?

Ceci à mon avis restera toujours sans réponses.
Nous vivons, sans aucun but. Nous vivons sans aucune notice. Nous vivons, sans savoir exactement ce que nous faisons et devons faire.

Mais vu que nous sommes présents désormais, autant en profiter, n'est-ce pas ?

Mais faut-il profiter sans compter pour vivre et dire que nous avons vécu ? Ou faut-il vivre avec modération sans forcément avoir vécu ?

Si nous vivons, ne serait-ce pas pour profiter ?

Si durant mon vivant, il m'est permis de profiter et donc par exemple de dépenser et ou de faire ce qui me plait sans me soucier des détails, sans compter, que cela est ma vie quotidienne, puis-je dire que c'est en profiter et que j'ai vécu ?

À l'inverse, si durant mon vivant, il ne m'est pas possible de profiter autant, et que les seuls moments où cela peut être fait je profite. Donc, se retenir de se faire plaisir pour pouvoir en profiter plus tard. Puis-je dire également, que j'ai profité et vécu ?

Dans les deux cas évoqués précédemment, nous nous rendons compte qu'il faut tout de même profiter durant notre vie. Et, que c'est l'essence même de notre existence. L'être humain ne peut vivre sans avoir de plaisir.

La vie selon moi, peut être vue comme un livre, avec comme principe : Un thème général, ensuite il y a les chapitres et dans ces chapitres il y a les sous-chapitres et de ce fait, nous sommes le créateur de ce livre et avons plusieurs histoires différentes, plusieurs enchaînements d'événements. Donc toutes personnes sont différentes et chaque "personnage" ont des parcours différents.

Nous naissons, et nous vivons. Toutes les expériences vécues, font aussi que nous avons pu vivre et que nous nous inspirons de ce vécu afin de pouvoir profiter au mieux.
Mais une fois nait, une fois notre autonomie acquise, que devons-nous faire ? *Devons-nous profitez pour vivre ? Ou bien vivre pour profiter ?*

La vie est belle mais peut blesser, tout comme elle peut être laide mais également blesser. Alors, si des fois vous vous demandez pourquoi vous êtes en train de vivre . Ne réfléchissez plus, dites-vous que vous ne l'avez pas choisis et que sur cette décision vous n'aviez pas le pouvoir d'interagir.

Chaque personne ici présente, n'a eu le choix. On ne nous a pas demandé si on voulait naître.
Cependant, ce que l'on peut faire c'est agir et faire en sorte à ce que notre vie puisse être amélioré. Nous pouvons interagir sur la suite de notre vie, nous pouvons décider de ce que l'on souhaite réaliser dans cette vie, nous décidons alors à partir de ce moment, de profiter de cette possibilité des divers choix qui nous est donné.

J'aime dire que la vie ressemble à un labyrinthe, qui change tous le temps et dont personne n'a vraiment le parcours parfait pour pouvoir en sortir. Mais chaque décision prises sur la direction à prendre aura une incidence dans notre parcours. Et, par conséquent peut être, pouvoir jouir de l'instant présent.

Par conséquent, si une personne avait la solution pour pouvoir sortir ce labyrinthe, est-ce vraiment profiter de ce dernier ?
Donc une personne qui a tout profite-t-elle vraiment, comparé a une personne qui n'as rien et qui profite du moindre instant ?

Donc si j'ai les moyens de profiter tout le temps, ai-je vécu en ayant profité au maximum, ou bien au contraire, si j'ai peu de moyens et que je me restreint pour pouvoir profiter plus tard, ai-je vécu en ayant profité ?

Nous devons vivre tels que nous le voulons, sans devoir obéir à une conduite à tenir. Nous devons profiter de ce que nous avons, du moment présent et en fonction de nos envies.

Alors, finalement, peut-on dire que vivre réside tout simplement dans le fait de profiter de chaque moment donné, sans se soucier de l'avis des autres et en laissant chaque personne profiter à sa manière ?

Tout simplement à mon avis : vivons, profitons et la nous aurons vécu.

Espérer

*

"L'espoir fait vivre"

Grande pensée du 20e siècle, qui est encore aussi aujourd'hui, une expression beaucoup utilisée.

Mais pourquoi espérons-nous ? Pourquoi vouloir attendre quelque chose, qui ne se produira peut-être jamais et dont nous avons conscience ?
En résumé, pourquoi avoir espoir ?

L'espoir est un état d'esprit, qui peut se rapprocher du rêve.
Parce que rêver, c'est comme espérer que l'événement se produise, néanmoins l'espoir est bien plus fort que le rêve.

Le rêve, est un état d'âme qui permet de s'échapper éventuellement de la réalité et d'avoir des objectifs.
À l'inverse, l'espoir est d'être réaliste et de faire avec le monde qui nous entoure et de garder une petite

flamme, une petite lueur d'espoir, un cou de chance pour que ça se produise.

Nous espérons tous quelques choses de différents mais nous espérons.

Il y a des personnes qui espèrent que par exemple le changement d'un individu, d'autres qui vont espérer s'améliorer dans leurs activités professionnelles ou personnel.
Mais ce qu'il faut retenir, c'est qu'il n'y a pas de changement si pas de travail sur soi-même.

Et, c'est là que la notion d'espoir intervient, c est parce qu'on sait que la personne ne fera pas d'effort de son côté et que cela n'évoluera pas, que nous gardons espoir. Nous gardons cette vision de changement qui pourrait intervenir du jour au lendemain et aussi avec le temps, mais en général cette chance, cet espoir de voir la personne changée sera toujours présente.
C'est en ce sens que, l'espoir est dans un premier temps est d'attendre quelque chose qui n'arrivera jamais.

Néanmoins, j'aime penser également que l'espoir peut aussi être synonyme de foie, et toujours en gardant cette notion de changement, ou de quelque chose qui se produira afin d'améliorer l'état des choses actuelle. Ou qui, offrira une issue de secours face à la situation que nous rencontrons.

Par exemple, en temps de guerre, en tant de stress et de manière général en tant de problème personnel de la vie quotidienne, nous avons cet espoir que cette situation peut changer, nous avons foie que l'avenir sera meilleur.

Et si cet espoir était perdu, alors pouvons-nous encore vivre ?

L'espoir est un peu la lumière de notre vie, comme le feu réchauffait au temps ancien. Quand le feu s'éteignait, c'était l'angoisse et c'est un peu pareil avec la notion d'espoir.
Si nous n'espérons plus alors, comment pouvons-nous vivre ?

En général, l'espoir, la foi, la croyance font que nous croyons à l'avenir, à ce changement qui pourrait intervenir sans prévenir auparavant mais, qui interviendra.
Alors, pour les personnes qui vivent dans l'espoir, c'est un peu leur lueur, c'est un peu leur feu qui réchauffe leur cœur et qui leur donne encore l'envie de se battre.
Donc, oui dans un sens général, espérer peut être signe d'attendre quelque chose qui ne se produira jamais.
Mais si, aujourd'hui nous gardons espoir, ne serait-ce pas non plus par ce que ces changements sont déjà intervenues ?

Tout comme les médias animent nos pensées, l'espoir est un moyen de vie pour certains d'entre nous. Et en effet, pour ces personnes à force de croire en l'arrivée de ces changements, notre espoir se réalise ou à l'inverse en l'absence de sa réalisation, l'envie de croire se fera encore plus forte. Par conséquent il est vrai, que les changements ont bien était réalisés, nous continuons, par esprit logique d'espérer. Et donc l'espérance anime notre vie.

Et, les expériences de ces individus à force d'être partager, sont devenu un espoir de croire en l'espoir.

Donc, en général si nous n'avons pas d'espoir alors nous n'avons pas d'attentes, si nous n'avons pas d'attentes par conséquent nous n'avons pas d'objectifs et si nous n'avons pas d'objectifs, nous n'avons pas forcément de but dans la vie.

Une vie avec espoir vaut mieux qu'une vie avec désespoir.

Croire en l'espoir, ne serait-ce pas atteindre en quelque sorte la voie du bonheur ?

Le Bonheur

*

Le bonheur est un thème général, sur lequel j'ai pleinement envie d'écrire et de vous pousser à la réflexion. En effet, lorsque je pense au bonheur j'ai en tête, l'idée d'être heureux et d'avoir une joie profonde.

Mais alors, la vie est-elle toujours bonheur ? S'il existe bonheur alors il existe malheur mais comment passer outre ? Et, de façon plus globale : qu'est-ce que le bonheur ?

Avant de commencer, il faut savoir que chaque vie sur terre mérite d'être vécue et que peu importe les épreuves traversées et ou à traverser, il faut toujours trouver de la positivité dans la négativité et que derrière chaque obscurité, se cache toujours une source de lumière.

Cependant, de manière général le bonheur à une place conséquente dans notre vie quotidienne, mais il serait impossible de dire qu'il n y a que bonheur et joie de vivre. Dans notre existence, tout n'est pas rose et ce serait utopique de le penser.

Tout n'est donc pas bonheur dans le sens ou il y a des événements qui nous rendrons malheureux et triste durant un temps défini par chacun d'entre nous. Par conséquent, la vie ne peut pas être toujours joie. Néanmoins, l'idée qu'elle puisse être malheur, nous ouvre les yeux sur le fait qu'il y a possibilité que ce malheur et que cette mauvaise expérience puisse être vue et prise de manière positive.

L'idée c'est par exemple, lorsque nous évoquons le décès d'une personne, cela est souvent triste et par conséquent la vie parait moins bonheur, moins joyeuse. Cependant, cette tristesse et cette mauvaise nouvelle, peuvent-être transformé de façon positive, dans le sens ou à l'intérieur de nous même, nous disons "qu'il a eu une bonne vie et qu'il est mieux la ou il est " ou encore "qu'il fait un bon voyage" : le fait d'utiliser cet euphémisme et de s'ouvrir à cette vision, permet de moins voir le côté sombre de la chose et de pouvoir passer outre. Par conséquent, le fait de voir dans le malheur de la positivité, permet de garder espoir et de se dire que la vie est tout de même belle.

Le bonheur, peut être vue de façon simple et général : C'est un état d'esprit que chacun d'entre nous ressent au fond de soi. Et, qui par la même occasion , ne peut se définir de manière particulière.

Nota bene : ce qui me rend heureux, ne vas pas forcément agir de la même manière sur une personne lambda. Et vive-versa, ce qui la rend heureuse, ne vas pas forcément me rendre joyeux. Donc ici, est l'idée que le bonheur dans un premier temps, ne peut être partagé car cela appartient à chacun d'entre nous. C'est notre manière de voir les choses, c'est notre vision de la vie et notre vision de ce qui rend heureux. Et, ce qui me rend heureux.

Il est important afin d'être heureux soi-même, nous devons d'abord se préoccuper de ce qui pourrait nous rendre joyeux et la manière d'atteindre cette sensation. *Mais, le bonheur ne peut-il pas être transmis ? Comment par notre bonheur personnel, nous pouvons transmettre cette joie de vivre ?*

Précédemment, j'ai parlé du bonheur personnel et du bonheur en général mais il ne faut pas oublier qu'il existe également, le bonheur a partagé, le bonheur commun. Pour pouvoir réussir à faire partager cette joie, il faut tout d'abord savoir ce qui va le rendre heureux. Et en connaissant son objectif et ou ce qui lui plaira, nous essayons de lui rendre accessible cette sensation et interagissons sur sa vision.
Nous lui rendons atteignable ce qui ne l'étais pas pour lui quelque temps auparavant.
En le rendant heureux, nous sommes contents et ressentons cette joie à l'intérieur de nous par ce simple partage.
Nous avons rendu heureux sans rien attendre en retour.

Car si le bonheur est tout d'abord personnel, nous voyons aussi qu'il peut être partagé et ce sans rien attendre en retour, sans contrepartie.

Si, le bonheur était partagé en attendant quelque chose en retour alors serait-il vraiment bonheur, aura t-il ce même bien fait sur notre corps ?

Le bonheur ne réside-t-il tout pas simplement dans la simplicité et non dans la complexité ?

La Perfection

*

"La perfection est un chemin, et non une fin"

Ici, l'idée de traiter le sujet de la perfection, est de tout simplement évoqué le fait qu'en règle général, l'être humain court toujours après la perfection et souhaites atteindre l'inatteignable.

Mais cette perfection est-elle vraiment atteignable ? Et comment pouvoir obtenir cette perfection ?

Bien souvent, lorsque nous évoquons la perfection, nous voyons souvent la personne comme naïve et comme égocentrique. Cependant, c'est un thème plus général qui évoque un mode de pensée et par conséquent cette pensée devient un mode de vie.

En général, tout le monde souhaite être parfait et ou devenir parfait dans un domaine qu'ils apprécient et par conséquent, vont travailler afin de toujours pouvoir atteindre cette chose, cette beauté, cet élément qui fera en sorte que sa quête pourrai être terminé.

Si la perfection existe et qu'elle est atteignable, alors une fois atteinte cette volonté d'être parfait disparaît elle ?

En soi, comme évoqué précédemment, cette Perfection dont je parle, est une perfection, un but donné par nous-mêmes afin d'exceller et de s'améliorer de plus en plus dans ce dernier. Cette perfection, est recherché tout d'abord par nous même mais elle nait du sentiment d'autrui envers ce que nous produisons. *Par conséquent, pouvons nous-dire que lorsque nous recherchons à atteindre cette finalité, est-ce pour nous même ?*

Lorsqu'un écrivain, un peintre, un artiste en règle général, sort ou fait quelque chose de nouveaux, les critiquent suivent avec les avis qui peuvent diverger. Dès lors que ces critiques apparaissent, qu'elles soient bonnes ou mauvaises, construites ou non construites, le concerné en prend note afin de savoir ce qui plaît dans son œuvre et de ce qui ne plaît pas. Par ce biais, de ces avis et surtout de ce qui ne plaît pas , l'artiste va alors vouloir répondre à ces critiques en s'améliorant, en changeant sa vision, sa façon de faire pour répondre à la demande.
Par conséquent, une fois que nous voulons, et que nous pensons à chaque fois atteindre ce moment d'extase, il y a toujours une personne ou quelconque éléments intervenant, qui remettent en cause, cette idée d'avoir atteint cette dernière.

Mais si la perfection, naît d'abord par autrui alors répondons nous même à la perfection que nous voulons donner ?

Par l'influence d'autrui, nous recherchons en effet à atteindre ce but. Mais, il ne faut pas oublier que cette perfection nous la recherchons dans un domaine qui nous plait et avec lequel nous avons du plaisir.

Dès lors, que nous voulons atteindre ce but, il ne faut pas oublier que ce que nous faisons dans un premier temps, doit d'abord plaisir au créateur et ou à celui qui fait.

Si, le concerné n'aime pas ce qu'il fait alors, il n'y aura pas de satisfaction.
S'il n'y a pas de satisfaction alors il n'y a pas d'admiration sur ce qui est fait ou en train d'être fait.
Et s'il n'y a pas d'admiration alors, il n'y aura pas cette vision de perfection.

Cette idée peut être retrouvée également dans ce même principe, dans le cas ou le concerné est forcé :

Si, le concerné est forcé à faire ce qu'il fait alors il n'aimera certainement pas ce qu'il va produire.
S'il n'aime pas ce qu'il fait alors il n'y aura pas de satisfaction.
Si pas de satisfaction alors pas d'admiration.
Et, si pas d'admiration alors, il n'y aura pas la réponse à cette quête de perfection.

Par ces exemples ci-dessus, je viens au fait de dire que la perfection ne peut-être atteignable dans son entièreté. Par le fait qu'il y aura toujours des avis, ici négatifs, afin de nous remettre en question et d'apporté une nouvelle vision sur ce qui a été produit afin de le rendre meilleur. Et, ce cheminement peu se repéter : car ce qui va plaire à une partie, ne plaira pas à l'autre partie et en modifiant, ce qui ne plaisait pas, va plaire et ce qui plaisait alors ne plaira plus.

Donc, par conséquent, il n'est pas possible de répondre à la demande de tous et cherchant à plaire à tout le monde. Et de manière global, il y aura toujours ce sentiment d'amélioration, dans ce qui va être fait. Nous évoluerons constamment en apprenant de ce qui a été effectué auparavant.

Mais admettons, que cette perfection est atteinte à 100 %, *alors l'artiste a-t-il atteint un seuil et par conséquent pouvons-nous dire qu'il a subi une transformation interne ?*

Étant donné que le fait d'être à la recherche de la constante perfection, afin de répondre à la demande tous et que c'est comme un objectif, alors une fois atteint : *l'artiste a-t-il toujours cet envie d'accéder à cete quête ? Ou par conséquent, étant donné qu'il a pu aller jusqu'à ce seuil et pu réussir à plaire à tout le monde, son œuvre est terminé ?*

Finalement, l'idée de vouloir avoir cette envie et cette quête au sein de notre vie, peut-être dû au fait que cette perfection est en règle général inatteignable et par le fait de son inaccessibilité alors, il y a toujours cette soif de conquête et de vouloir être le premier à atteindre ce but.

Alors, la perfection n'est pas obligatoire dans notre courte existence mais peut être une source de motivation, une manière de penser et la manière dont nous souhaitons vivre.

Si finalement, le fait de vouloir atteindre cette perfection était nourrit par notre société et notre mode de vie ? Le fait de vouloir atteindre ce but, n'est-elle pas finalement nourrit par le regard des autres ?

Le Plaisir

*

Le plaisir, peut être défini de plusieurs manière mais de façon général, le plaisir est vu comme, ce qui plaît, divertit et procure à quelqu'un ce sentiment agréable de contentement. Donc, le plaisir est ce qui provoque chez l'être humain un état de satisfaction. Plusgénéral, le plaisir peut être vu comme les choses agréables de l'existence.

Cependant, si le plaisir existe et procure chez nous un sentiment de joie et de satisfaction, alors peut-il être vraiment satisfait ? Pouvons-nous, nous arrêter ? Et à l'inverse ne créé t-il pas aussi le déplaisir par cette satisfaction ?

Ici l'idée est de voir que ce sentiment de satisfaction est propre à chacun et c'est ce qui va donner envie à chacun de vouloir atteindre cet état d'âme. Ce qui va me donner envie, ne vas pas donner envie à mon voisin et vice versa. *Donc, il faut vraiment avoir cette notion d'appartenance?*

En claire nous ne contrôlons pas cette sensation de vouloir avoir, ou atteindre quelque chose mais c'est bien elle, qui nous contrôle et qui par conséquent provoque chez nous ce sentiment de le vouloir alors qu'il n'y a pas d'utilité.

Le plus fréquent, c'est l'idée du plaisir matérialiste : ici, il s'agit de l'exemple d'une personne lambda qui à envie par exemple d'avoir un nouvel appareil car il y a une promo et ou c'est le dernier modèle et par conséquent X va avoir l'envie de se l'acheter et va donc se faire plaisir en l'acquérant.

C'est vraiment, ici le fait d'atteindre cette satisfaction et de jouir de ce sentiment que cela procure par cette nouveauté.

Par l'exemple ci-dessus, j'ai évoqué le mot "Envie", le plaisir avant d'être vu comme quelque chose qui nous contrôle, est quelque chose qui nait petit à petit intérieurement par rapports aux informations préalablemant acquises. Une fois, cette envie au summum alors à partir ce moment, cela se transforme en décision de vouloir avoir et donc d'avoir une joie immense, une sensation extrême d'acquisition.

Mais, si ce plaisir est d'abord une envie alors peut-on contrôler cette envie d'avoir envie ?

Voici, la vision que je fais du parcours de l'envie sur notre cerveau : ça commence par la vision de quelque chose → ensuite par l'envie de vouloir l'obtenir → cette envie va se transformer en pulsion (avec ou sans réflexion) → cette pulsion sera l'atteinte de ce plaisir.

Néanmoins, dans ce schéma évoqué, il y a cette impression que le plaisir est une chose qui est inévitable et qui par conséquent ne peut se contrôler. Dans un premier temps, il est vrai de dire que le plaisir ne peut être contrôlé, c'est comme parler de l'amour et d'évoquer "le coup de foudre", c'est quelque chose qui nous tombe dessus. Cet amour ne peut-être contrôlé, car c'est arrivé de manière inattendue. Le plaisir fonctionne de la même sorte, c'est-à-dire que dès lors que nous sommes attirés par la chose, nous ne pouvons contrôlons de manière prolongé cette envie de l'avoir et la finalité sera que malgré la lutte, le plaisir nous mènera à succomber à ce souhait d'obtenir et d'avoir.

Dans cette seconde idée, après avoir vu que généralement le plaisir ne peut être contrôlé, il se peut que dans certaines situations le plaisir soit totalement contrôlé. L'idée ici, c'est de vouloir quelque chose, que nous aimerions avoir mais qui actuellement est impossible à obtenir pour quelconques raisons. Ce plaisir, peut être comparé au rêve de vouloir obtenir et ce rêve va me permettre de me donner des objectifs et de vouloir l'atteindre. Ici, le plaisir contrôlé, serait ce désir que l'on a de vouloir cette chose mais qui nous est inatteignable.

Alors, oui il existe le plaisir qui peut être contrôlé et certains d'entre vous me direz, que cette envie passera avec le temps. Cependant, en général, le plaisir reviendra et la lutte se fera moins présente et il y aura l'accomplissement de l'obtention de l'objet, la chose tant désirée.

Nous voyons par cet exemple que cette envie de vouloir ne peut être contenu un certains temps.

Par conséquent, si je cède au plaisir même après avoir lutté, est-ce que cette envie ce sera assouvi ? Et va-t-elle avoir des effets néfastes sur moi et mon entourage ainsi que de ma situtaion ?

Mourir

*

"Poussière j'étais, poussière je suis, poussière je redeviens "

Sujet sensible ; en parler va permettre de montrer que même si c'est un thème sombre, il faut en l'évoquer.
Car trop peu de personne assume avoir peur de la mort, qui est une chose tout à fait naturelle.

Il faut croire tout d'abord en la vie et des aventures à vivre afin de profiter et de ne pas penser à la finalité.

L'idée ici, est de vous montrer que le sujet, le thème de la mort est un sujet tout à fait comme les autres ; qui a sa place dans notre esprit ; et également mettre en évidence le fait que cette peur est tout à fait normal.

La peur de celle-ci est normal car elle est tout à fait naturelle et ceux depuis notre apparition sur Terre.
Nous vivons, nous mourons.

C'est un schéma simple, qui ne comporte que 2 étapes. *Mais, en quoi la mort est-elle une chose effrayante si c'est une chose naturelle ? Comment, vivre tout en ayant cette crainte ?*

C'est un sujet vaste auquel je n'ai pas de réponses a apporté.
Cette peur que nous avons de la mort, est à mon avis présente depuis plusieurs siècles, mais reste un sujet délicat a abordé. Comme si le fait d'en parler était tabou.

En effet, nous vivons sans nous poser de questions, en vivant de la façon dont nous voulons et en ayant chacun des objectifs qui diffèrent les uns des autres.

Mais, alors pourquoi se poser des questions sur la mort ?
Avec, le temps et le fruit de mes propres réflexions, il est vrai que par nature, nous nous interrogeons plus sur la mort et plus précisément ce qu'il advient après cette dernière.

Et, là l'idée est que la mort en soi ne fait pas peut car c'est une chose naturelle et dont personne ne peut en échapper, c'est une fin inéluctable.
Mais ce qui effraie dans l'idée de mourir c'est ce qu'il advient après celle-ci, ce que nous devenons et

l'idée de laisser nos prochains. Donc, le fait de mourir ne fait pas peur mais, le fait de penser que l'on va mourir, est cette chose dont nous avons réellement peur.

C'est évident que si l'on doit mourir, nous n"allons pas être averti (nous n'allons pas recevoir une alerte, une notification, un courrier afin de nous prévenir de notre fin sur terre) ; sinon ce serait facile à partir de ce moment d'esquiver cette fin ; nous mourrons et nous ne remarquons même pas que nous sommes mort et que notre mission, notre vie sur terre est terminé.

Par contre, à l'inverse si je commence à me questionner sur cette dernière, je vais ouvrir mes inquiétudes et par conséquent je vais commencer à faire naitre au fond de moi, ce sentiment de peur. Le fait, d'avoir peur va nourrir celle-ci et finalement, il y 'aura une emprise sur notre esprit et notre façon de voir la vie.

En ayant peur de la mort, nous nous interrogeons et nous réalisons à ce moment même que c'est réel et que au fur et à mesure que les années passent, celle-ci s'approche lentement.

Vivre pour mourir : *quelle est le but me direz-vous ?*

Je ne peux pas, interpréter cette question et apporter une réponse précise, en indiquant la notice à suivre.

Tout simplement, chaque personne vivent leur façon à leur manière. Chaque pensée est différente et par conséquent nous sommes uniques et nous avons notre propre vision de voir les choses.

Alors vivre pour mourir oui car cela est inévitable.
Mais surtout vivre à notre manière, tout en profitant au maximum et ne pas se soucier de ce temps qui passe, et la je pense le principe même de notre existence.

Alors, vivons sans penser à la mort, vivons le plus naturellement possible en profitant de notre entourage et à notre manière.

Pour clore ce sujet, voici une petite réflexion personnelle à ce sujet : *Et si la mort est naturelle, alors ne serait-ce pas non plus une nouvelle vie qui commence ?*

*Composition et mise en page réalisées
avec l'aide de WriteControl*